Mohamed Benchili

Versets et hadîths commentés sur

La protection contre Satan

A'ûdhu bi-llâhi min ash-shayṭân ar-rajîm

Tawhid

Maquette et composition : Mostafa B.

2e édition, 2013

ISBN : 978-2-84862-159-3

Notes préliminaires

﴾ Certes, Allâh et Ses anges bénissent l'envoyé. Ô croyants ! Bénissez-le et adressez-lui vos salutations. ﴿ (Coran 33/56)

D'après Al-Ḥusayn, le Prophète (ﷺ) a dit : « L'avare, c'est celui qui ne prie pas sur moi quand mon nom est prononcé en sa présence. » (Aḥmad, Tirmidhî, Nasâ'î)

Ce verset et ce hadith sont sans doute à l'origine de la formule consacrée : « *ṣalla llâhu 'alayhi wa sallam* », et qui signifie « qu'Allâh le bénisse et lui accorde le salut ». Elle est à la fois un vœu et un témoignage de respect formulés par le musulman, chaque fois que le nom du prophète Muḥammad (ﷺ) est mentionné, que ce soit verbalement ou par écrit.

Nous avons préféré, comme de nombreux confrères, faire figurer la calligraphie (ﷺ) de la formule arabe. Le lecteur francophone comprendra intuitivement, grâce à ces quelques explications, sa signification et les raisons de sa présence après le nom du Prophète (ﷺ) dans cet ouvrage comme dans tous les ouvrages religieux.

L'éditeur

Table de translittération

hamza	ء	'
alif	ا	â
bâ	ب	b
tâ	ت	t
thâ	ث	th (anglais)
jîm	ج	j
ḥâ	ح	ḥ (point en dessous)
khâ	خ	kh
dâl	د	d
dhâl	ذ	dh
râ	ر	r
zây	ز	z
sîn	س	s
shîn	ش	sh
ṣâd	ص	ṣ (point en dessous
ḍâd	ض	ḍ (point en dessous)
ṭâ	ط	ṭ (point en dessous)
ẓâ	ظ	ẓ (point en dessous)
ʻayn	ع	ʻ
ghayn	غ	gh
fâ	ف	f
qâf	ق	q
kâf	ك	k
lâm	ل	l
mîm	م	m
nûn	ن	n
hâ	هـ	h
wâw	و	w , û
yâ	ي	y , î

Les trois voyelles longues : ***â, î, û,*** sont transcrites avec accent circonflexe.

بسم الله الرحمن الرحيم

﴿ Au Nom d’Allâh, le Tout Miséricordieux,
le Très Miséricordieux. ﴾

إِنَّ الْحَمْدَ لِلهِ نَسْتَعِينُهُ وَنَسْتَغْفِرُهُ وَنَعُوذُ بِاللهِ مِنْ شُرُورِ أَنْفُسِنَا وَمِنْ سَيِّئَاتِ أَعْمَالِنَا. مَنْ يَهْدِهِ اللهُ فَلَا مُضِلَّ لَهُ وَمَنْ يُضْلِلْ فَلَا هَادِيَ لَهُ. أَشْهَدُ أَنْ لَا إِلَٰهَ إِلَّا اللهُ وَحْدَهُ لَا شَرِيكَ لَهُ وَأَشْهَدُ أَنَّ مُحَمَّدًا عَبْدُهُ وَرَسُولُهُ. إِنَّ أَصْدَقَ الْحَدِيثِ كِتَابُ اللهِ، وَأَحْسَنَ الْهَدْيِ هَدْيُ مُحَمَّدٍ (ﷺ).

Les louanges sont à Allâh, nous implorons Son assistance et Son pardon. Nous nous réfugions auprès de Lui contre la perversité de nos âmes et la laideur de nos actes. Celui qu’Allâh guide, personne ne l’égarera ; celui qu’Il égare, personne ne le guidera. J’atteste qu’il n’est pas d’autre dieu qu’Allâh, qu’Il est Unique et seul Souverain, que Muḥammad est Son serviteur et Son Messager.

La plus véridique des prédications est le Livre d’Allâh. Et la meilleure des voies est celle de Muḥammad (ﷺ).

الاِسْتِعَاذَةُ

AL-ISTI'ÂDHA

« *Al-isti'âdha* », est la formule de protection par laquelle le croyant demande à Allâh de le protéger de ce qu'il redoute. On la retrouve énoncée dans le Coran et les hadîths selon diverses formulations. La plus usitée étant celle concernant Satan : « Je cherche refuge auprès d'Allâh, contre Satan le lapidé (*a'ûdhu bi-llâhi min ash-shayṭân ar-rajîm*) ».

« Je cherche refuge (*a'ûdhu*) », du verbe *'awadha* signifie : chercher asile auprès de quelqu'un, solliciter sa protection, afin qu'il nous protège, nous assiste, nous préserve. Il est mentionné 17 fois dans le Coran, avec toujours le même sens : celui de solliciter l'assistance d'autrui, qu'il soit bon, comme dans le verset :

﴿ **Je cherche refuge auprès du Seigneur des hommes, Souverain des hommes [...]** ﴾ [Coran 1/114],

ou mauvais :

﴿ **Or des hommes, parmi les humains, sollicitaient la protection [l'assistance] des hommes, parmi les génies...** ﴾ [Coran 72/6]

Les sujets de crainte sont multiples :

- Contre Allâh, comme dans l'invocation : « Seigneur, je cherche refuge auprès de Toi contre Toi (*Allâhumma innî a'ûdhu bika minka*). »

- Contre soi : d'une science qui ne profite pas, d'une langue qui calomnie, d'un cœur qui ne craint pas, d'un comportement qu'Allâh n'approuve pas. Comme lorsqu'Il interpelle Nûḥ [Noé], et lui enjoint de ne pas L'interroger sur le bien-fondé de Ses décrets, en l'occurrence Sa décision de bannir son fils. Et Nûḥ implore Allâh de le préserver d'un comportement qui lui serait préjudiciable et Lui dit :

  ﴾ **Il dit : "Seigneur, préserve-moi (*innî a'udhû bika*) de Te questionner sur ce dont je n'ai aucune science."** ﴿ [Coran 11/47]

- Contre autrui : Satan (*shayṭân*), l'Antéchrist (*ad-dajjâl*), la vindicte des croyants et des incroyants.

- Contre les aléas de l'existence : les tentations de ce monde (*ad-duniyâ*), les affres du monde intermédiaire (*al-barzakh*) et les tourments de l'autre monde (*al-âkhira*).

L'Envoyé d'Allâh (ﷺ) avait coutume de dire que la meilleure des protections était les deux dernières sourates du Coran : les 113 et 114. Cependant, la Tradition (Sunna) fait état de nombreuses invocations formulées par lui. Nous en citerons quelques-unes à la fin de cet ouvrage.

الاِسْتِعَاذَةُ مِنَ الشَّيْطَانِ

LA PROTECTION CONTRE SATAN

La Tradition (*sunna*) enseigne que, pour se protéger de Satan, l'Envoyé (ﷺ) utilisait diverses formules, par exemple :

- « Je cherche refuge auprès d'Allâh, contre Satan (*shayṭân*), son orgueil (*nafkhihi*), son verbe [la poésie (*shi'rihi*)] et ses suggestions (*hamzihi*). »
- « Je cherche refuge auprès d'Allâh, contre Satan le lapidé (*a'udhu bi-llâhi min ash-shayṭâni ar-rajîm.*) » Cette dernière étant celle avalisée par la majorité des juristes et exégètes.

Les Lecteurs (*al-qurrâ*) – c'est-à-dire les maîtres experts dans la récitation du Coran – ont parfois utilisé des formules personnelles, telles que : « Je cherche refuge auprès d'Allâh le Glorieux, contre Satan le rebelle (*a'udhû bi-llâhi al-Majîd, min ash-shayṭâni al-marîd*) ». Ibn 'Aṭiyya déclare à ce sujet : « qu'on ne saurait dire si elles sont de bonnes ou de mauvaises innovations. »

VOCABULAIRE

« **Satan** (*as-shayṭân*) » : Les Arabes appellent *shayṭân*, au pluriel *shayâṭîn*, toute créature rebelle parmi les génies, les hommes, les animaux et les choses ardues. Allâh a dit :

﴿ **Ainsi, Nous avons assigné à chaque envoyé un ennemi, parmi les rebelles (*shayâṭîn*) d'entre les hommes et les génies [...]** ﴾ [Coran 6/112]

Dans un hadîth, 'Umar Ibn al-Khaṭṭâb raconte qu'on lui donna à monter un cheval de traie. Le cheval se mit à marcher en se dandinant, alors il le frappa. Plus il avançait, plus le cheval se dandinait. 'Umar finit par en descendre en clamant : « Vous ne m'avez donné à monter qu'un *shayṭân*. Je n'en suis descendu qu'excédé ! »

« **Le lapidé** (*ar-rajîm*) » : Le verbe *rajama*, signifie « jeter des pierres ». La lapidation (*ar-rajam*) pouvant se traduire en actes ou en paroles :

- En actes : en jetant des pierres pour tuer, bannir, refouler, comme il est écrit dans le verset :

﴿ **Assurément, nous avons paré le ciel de ce monde [d'astres] de lumières, et Nous en avons fait des projectiles pour lapider les démons [...]** ﴾ [Coran 67/5]

- En paroles : pour maudire, condamner, blâmer, comme dans le verset :

﴿ **Quitte-le [Paradis] car tu es maudit (*rajîm*).** ﴾ [Coran 15/34]

Ar-rajîm, est un participe actif utilisé avec un sens passif. Ce procédé est très fréquent en arabe, par exemple avec les mots : *al-la'în* pour *al-mal'ûn*, le maudit ; *al-jarîḥ*, pour *al-majrûḥ*, le blessé ; *as-sajîn*, pour *al-masjûn,* le prisonnier. Certains prétendent que *ar-rajîm* doit être compris selon son sens premier. Satan ne serait plus alors celui qui subit, mais celui qui agit : celui qui jette « des pierres maléfiques » dans le cœur des gens. Mais, cette interprétation est rejetée par la majorité des exégètes.

Plusieurs versets du Coran et hadîths louent les mérites d'*al-isti'âdha* et invitent les croyants à implorer l'assistance, la préservation et la protection d'Allâh, contre Sa vindicte, leurs mauvais comportements ou le mal d'autrui.

VERSETS

﴿ **Lorsque tu lis le Coran, demande la protection d'Allâh contre Satan le lapidé.** ﴾ [Coran 16/98]

﴿ **Et si Satan veut t'inciter à faire le mal, cherche refuge auprès d'Allâh, Il est l'Oyant, l'Omniscient.** ﴾ [Coran 7/200]

﴿ **Et dis : "Seigneur, je cherche refuge auprès de Toi contre les incitations des démons. Et je cherche refuge auprès de Toi, Seigneur, contre leur présence auprès de moi."** ﴾ [Coran 23/96,97,98]

Hadîths

L'Envoyé (ﷺ) a dit : « Satan vient auprès de l'un d'entre vous [et lui suggère] : "Qui a créé ceci ? Qui a créé cela ?" Jusqu'à [lui suggérer] : "Qui a créé ton Seigneur ?" Quand il se pose cette question, que l'intéressé cherche refuge auprès d'Allâh et qu'il s'interrompt. » [Al-Bukhârî]

Un jour, deux hommes se querellèrent en présence de l'Envoyé d'Allâh (ﷺ). L'un d'eux entra dans une colère telle, que son visage rougit et ses veines jugulaires enflèrent. L'Envoyé (ﷺ) le regarda et dit : « Je connais une formule qui, s'il la récitait, ce qu'il a le quitterait : "*Je cherche refuge auprès d'Allâh, contre Satan le lapidé* [...]" » [Muslim]

Ibn Abî al-'Âṣ ath-Thaqafî vint un jour auprès de l'Envoyé (ﷺ) et lui dit : « Ô Messager d'Allâh, Satan s'est immiscé entre moi, ma prière et ma récitation ; il me la rend confuse. » Le Messager d'Allâh (ﷺ) lui répondit : « Ceci est le fait d'un démon nommé Khanzab. Lorsque tu le pressens, demande la protection d'Allâh contre lui, et postillonne trois fois à ta gauche. » [Ibn Abî al-'Âṣ] dit : « Je fis ainsi, et Allâh l'éloigna de moi. » [Muslim]

Son statut

Allâh a dit :

﴾ **Lorsque tu lis le Coran, demande la protection d'Allâh contre Satan le lapidé.** ﴿ [Coran 16/98]

Les juristes divergent sur les domaines d'application de cette injonction : concerne-t-elle uniquement la psalmodie de dévotion (*ta'abbud*), uniquement celle de la prière (*ṣalât*), ou bien les deux ? Excepté quelques-uns, tous s'accordent sur le fait que la prononciation d'*al-isti'âdha*, avant la récitation du Coran, est un acte recommandé (*mandûb*), et que, quel que soit le choix du fidèle, rien n'est répréhensible. L'important étant de se conformer à un usage vérifié.

- Selon 'Aṭâ, elle est obligatoire. Ibn Sîrîn, an-Nakha'î et d'autres la prononçaient à chaque unité de prière (*rak'a*). Ils se conformaient en cela au sens global du verset 98 de la sourate 16 [Les Abeilles].

- Abû Ḥanîfa et ash-Shâfi'î ne la prononçaient qu'au début de la première *rak'a*. Ils considéraient comme une seule récitation, toutes les sourates récitées lors d'une prière.

- L'imâm Mâlik ne préconise pas sa récitation dans les prières obligatoires. Il ne la recommande que lors des prières nocturnes du Ramaḍan.

- Quant à Dâwûd aẓ-Ẓâhirî, il prétend que, d'après Abû Hurayra, *al-isti'âdha* doit être prononcée après la récitation du Coran. L'exégète Abû Bakr Ibn al-'Arabî s'élève contre cette affirmation et déclare : « Certains ont dépassé les limites du raisonnable en disant : "Lorsque le fidèle a fini sa récitation du Coran, il doit demander la protection d'Allâh contre Satan le lapidé." » Al-Qurṭubî, qui le cite, dit à son tour que d'après un hadîth rapporté par Abû Sa'îd al-Khuḍrî, l'Envoyé (ﷺ) la récitait dans sa prière, avant la récitation du Coran.

Commentaire

« *A'ûdhu bi-llâhi min ash-shayṭân ar-rajîm* », Je me réfugie en l'aura d'Allâh et implore Sa protection contre Satan le lapidé, afin qu'il ne me nuise pas dans mon quotidien et la pratique de ma religion, qu'il ne m'incite pas à renoncer à mes obligations et qu'il ne m'incite pas à enfreindre les interdits. Et seul Allâh a le pouvoir de dominer Satan, ses congénères et ses adeptes parmi les hommes et les génies.

Allâh a dit :

﴾ **Sois indulgent, ordonne le bien et évite les ignorants. Et si Satan veut t'inciter à faire le mal, cherche refuge auprès d'Allâh, Il est l'Oyant, l'Omniscient.** ﴿ [Coran 7/200]

﴾ **Repousse le mal par le bien. Nous savons très bien ce qu'ils décrivent. Et dis : "Seigneur, je cherche refuge auprès de Toi contre les incitations des démons. Et je cherche refuge auprès de Toi, Seigneur, contre leur présence auprès de moi."** ﴿ [Coran 23/96-98]

﴾ **La bonne et la mauvaise action ne sont pas pareilles. Repousse le mal par le bien ; et voilà que celui avec lequel tu étais ennemi devient un ami chaleureux. Mais cette grandeur d'âme n'est donnée**

qu'à ceux qui endurent et elle n'est donnée qu'aux possesseurs d'une grâce infinie. Et si Satan t'incite à faire le mal, cherche refuge auprès d'Allâh, car Il est l'Oyant, l'Omniscient. ﴾ [Coran 41/ 34-36]

Dans ces trois versets, Allâh ordonne aux croyants d'être vigilants. Il les exhorte à œuvrer habilement avec les démons humains, en se montrant bons avec eux, en répondant courtoisement à leurs invectives, en déjouant judicieusement leurs stratagèmes, afin de les ramener pacifiquement à leur condition humaine première, la condition d'adorateurs d'Allâh.

Il n'en va pas de même pour les congénères de Satan, car eux ne connaissent pas le bien et ne conçoivent que le mal. Ils ne sont réceptifs à aucune exhortation et la bonté les indiffère, car le mal est intrinsèque à leur ipséité. Seul leur Créateur a le pouvoir de les dominer.

« Je cherche refuge auprès d'Allâh contre Satan le lapidé », car Allâh ne lui a accordé ﴿ **aucun pouvoir sur ceux qui ont la foi et placent leur confiance en leur Seigneur. Il n'a de pouvoir que sur ceux qui le prennent pour allié. [...]** ﴾ [Coran 16/99-100]

Allâh met Ses créatures en garde :

﴿ **Assurément, Satan est votre ennemi ; prenez-le donc pour ennemi. [...]** ﴾ [Coran 35/6]

Cette inimitié, envers le genre humain, trouve son origine dans sa jalousie du père de l'humanité :

﴾ Ô fils d'Âdam, que Satan ne vous leurre pas, comme vos père et mère qu'il a fait sortir du Paradis. [...] ﴿ [Coran 7/27]

Il avait pourtant juré à Âdam, qu'il lui donnait de bons conseils et qu'il était digne de confiance. Que doit-on penser – dit Ibn Kathîr – de ce qu'il nous suggère, alors qu'il a juré :

﴾ Par Ta puissance, je les duperai tous, excepté Tes vertueux serviteurs. ﴿ [Coran 38/82-83]

أَدْعِيَةٌ مُخْتَارَةٌ

INVOCATIONS CHOISIES

عَنْ عَائِشَةَ رَضِيَ اللهُ عَنْهَا أَنَّ رَسُولَ اللهِ عَلَّمَهَا هَـٰذَا الدُّعَاءَ : « اللّٰهُمَّ إِنِّي أَسْأَلُكَ مِنَ الْخَيْرِ كُلِّهِ عَاجِلِهِ وَآجِلِهِ مَا عَلِمْتُ مِنْهُ وَمَا لَمْ أَعْلَمْ، وَأَعُوذُ بِكَ مِنَ الشَّرِّ كُلِّهِ عَاجِلِهِ وَآجِلِهِ مَا عَلِمْتُ مِنْهُ وَمَا لَمْ أَعْلَمْ. اللّٰهُمَّ إِنِّي أَسْأَلُكَ مِنَ الْخَيْرِ مَا سَأَلَكَ بِهِ عَبْدُكَ وَنَبِيُّكَ (ﷺ) وَأَعُوذُ بِكَ مِنَ الشَّرِّ مَا عَاذَ بِهِ عَبْدُكَ وَنَبِيُّكَ (ﷺ). اللّٰهُمَّ إِنِّي أَسْأَلُكَ الْجَنَّةَ وَمَا قَرَّبَ إِلَيْهَا مِنْ قَوْلٍ أَوْ عَمَلٍ، وَأَعُوذُ بِكَ مِنَ النَّارِ وَمَا قَرَّبَ إِلَيْهَا مِنْ قَوْلٍ أَوْ عَمَلٍ، وَأَسْأَلُكَ أَنْ تَجْعَلَ كُلَّ قَضَاءٍ قَضَيْتَهُ لِي خَيْرًا. »

رَوَاهُ ابْنُ مَاجَهْ

'Âïsha rapporte que le Messager d'Allâh (ﷺ) lui enseigna l'invocation suivante : « Seigneur, je T'implore de m'accorder tout ce qui est bon, pour le présent et l'avenir, dans tout ce que je sais et ce que j'ignore. Je T'implore de me protéger de tout ce qui est mauvais, pour le présent et l'avenir, dans tout ce que je sais et ce que j'ignore. Seigneur, je Te demande de m'accorder tout ce que Ton Serviteur et Envoyé (ﷺ) t'a demandé et de me protéger de tout ce que Ton Serviteur et Envoyé T'a demandé de le protéger. Seigneur, accorde-moi le Paradis, ainsi que les paroles ou les actes qui y conduisent. Je sollicite Ta protection contre l'Enfer, ainsi que les paroles ou les actes qui y conduisent. Je T'implore de faire en sorte que chacun de Tes décrets me concernant soit pour moi un bien. » [Ibn Mâjah]

Allâhumma innî as'aluka mina-l-khayri kullihi 'âjilihi wa âjilihi mâ 'alimtu minhu wa mâ lam a'lam ; wa a'ûdhu bika min ash-sharri kullihi 'âjilihi wa âjilihi mâ 'alimtu minhu wa mâ lam a'lam. Allâhumma innî as'aluka mina-l-khayri mâ sa'alaka bihi 'abduka wa nabiyyuka (ﷺ) ; wa a'ûdhu bika min ash-sharri mâ 'âdha bihi'abduka wa nabiyyuka (ﷺ). Allâhumma innî as'aluka-l-janna wa mâ qarraba ilayhâ min qawlin aw 'amalin ; wa a'ûdhu bika min an-nâri wa mâ qarraba ilayhâ min qawlin aw 'amalin. Wa as'aluka an taj'ala kulla qaḍâin qaḍaytahu lî kayran.

***

عَنِ ابْنِ عَبَّاسٍ رَضِيَ اللهُ عَنْهُمَا قَالَ : كَانَ النَّبِيُّ (ﷺ) يُعَوِّذُ الْحَسَنَ وَالْحُسَيْنَ وَيَقُولُ : « إِنَّ أَبَاكُمَا كَانَ يُعَوِّذُ بِهَا إِسْمَاعِيلَ وَإِسْحَاقَ : أَعُوذُ بِكَلِمَاتِ اللهِ التَّامَّةِ مِنْ كُلِّ شَيْطَانٍ وَهَامَّةٍ وَمِنْ كُلِّ عَيْنٍ لَامَّةٍ. »

رَوَاهُ الْبُخَارِيُّ

Ibn 'Abbâs rapporte : « Lorsque l'Envoyé (ﷺ) sollicitait la protection d'Allâh pour al-Ḥasan et al-Ḥusayn, il disait : "Votre père [Ibrâhîm] sollicitait la protection d'Allâh pour Ismâ'îl et Isḥâq en disant : 'Je sollicite la protection des parfaites paroles d'Allâh, contre tout démon, tout animal vénéneux et tout regard maléfique.'" » [Al-Bukhârî]

A'ûdhu bi-kalimâti llâhi at-tâmma, min kulli shayṭânin wa hâmmatin, wa min kulli 'aynin lâmma.

***

عَنْ عَائِشَةَ رَضِيَ اللهُ عَنْهَا كَانَ رَسُولُ اللهِ (ﷺ) يَقُولُ : « اللَّهُمَّ إِنِّي أَعُوذُ بِرِضَاكَ مِنْ سَخَطِكَ، وَبِمُعَافَاتِكَ مِنْ عُقُوبَتِكَ، وَأَعُوذُ بِكَ مِنْكَ، لَا أُحْصِي ثَنَاءً عَلَيْكَ أَنْتَ كَمَا أَثْنَيْتَ عَلَى نَفْسِكَ. » رَوَاهُ مُسْلِمٌ

D'après Âïsha, le Messager d'Allâh (ﷺ) disait : « Seigneur, je sollicite la protection de Ta satisfaction contre Ton courroux ; la protection de Ton indulgence contre Ton châtiment. Je sollicite Ta protection contre Toi. Je ne saurai Te rendre grâce comme Tu T'es rendu grâce à Toi-même. » [Muslim]

Allâhumma innî a'ûdhu bi-riḍâka min sakhatika, wa bi-mu'âfâtika min 'uqûbatika, wa a'ûdhu bika minka ; lâ uḥsî thanâ'an 'alayka anta kamâ athnayta 'alâ nafsika.

***

عَنْ أَنَسٍ رَضِيَ اللهُ عَنْهُ قَالَ : كَانَ النَّبِيُّ (ﷺ) يَقُولُ : « اللَّهُمَّ إِنِّي أَعُوذُ بِكَ مِنَ الْهَمِّ وَالْحَزَنِ، وَالْعَجْزِ وَالْكَسَلِ، وَالْجُبْنِ وَالْبُخْلِ، وَضَلَعِ الدَّيْنِ وَغَلَبَةِ الرِّجَالِ. » رَوَاهُ الْبُخَارِيُّ

D'après Anas, l'Envoyé (ﷺ) disait : « Seigneur, je sollicite Ta protection contre les tracas et la tristesse, l'infirmité et la paresse, la lâcheté et l'avarice, le poids des dettes et la domination des hommes. » [Al-Bukhârî]

Allâhumma innî a'ûdhu bika min-l-hammi wa-l-ḥazan, wa-l-'ajazi wa-l-kasal, wa-l-jubni wa-l-bukhli, wa ḍala'î ad-dayn wa ghalabati r-rijâl.

***

عَنْ أَبِي هُرَيْرَةَ رَضِيَ اللهُ عَنْهُ قَالَ : قَالَ رَسُولُ اللهِ (ﷺ) : « إِذَا تَشَهَّدَ أَحَدُكُمْ فَلْيَسْتَعِذْ بِاللهِ مِنْ أَرْبَعٍ، يَقُولُ : « اللَّهُمَّ إِنِّي أَعُوذُ بِكَ مِنْ عَذَابِ جَهَنَّمَ، وَمِنْ عَذَابِ الْقَبْرِ، وَمِنْ فِتْنَةِ الْمَحْيَا وَالْمَمَاتِ، وَمِنْ شَرِّ فِتْنَةِ الْمَسِيحِ الدَّجَّالِ. » رَوَاهُ مُسْلِمٌ

D'après Abû Hurayra, le Messager d'Allâh (ﷺ) a dit : « Lorsque [dans la prière] vous avez terminé l'invocation du *tashahhud*, sollicitez la protection d'Allâh contre quatre choses, et dites : "Seigneur, je sollicite Ta protection contre les épreuves de l'Enfer, contre les épreuves de la tombe, contre les épreuves de la vie et de la mort, contre les maléfices des épreuves de l'Antéchrist." » [Muslim]

Allâhumma innî a'ûdhu bika min 'adhâbi jahannam, wa min 'adhâbi-l-qabr, wa min fitnati-l-maḥyâ wa-l-mamât, wa min sharri fitnati-l-masîḥ ad-dajjâl.

***

عَنْ عَبْدِ اللهِ بْنِ عَمْرِو بْنِ الْعَاصِ رَضِيَ اللهُ عَنْهُ عَنِ النَّبِيِّ (ﷺ) أَنَّهُ كَانَ إِذَا دَخَلَ الْـمَسْجِدَ قَالَ : « أَعُوذُ بِاللهِ الْعَظِيمِ وَبِوَجْهِهِ الْكَرِيمِ وَسُلْطَانِهِ الْقَدِيمِ مِنَ الشَّيْطَانِ الرَّجِيمِ. » رَوَاهُ أَبُو دَاوُدَ

'Abd Allâh Ibn 'Amr Ibn al-'Âṣ rapporte : « Lorsque l'Envoyé (ﷺ) entrait dans la mosquée, il disait : "Je sollicite la protection d'Allâh le Très Grand, de Sa noble face et de Son pouvoir éternel, contre Satan le lapidé." » [Abû Dâwûd]

A'ûdhu bi-llâhi al-'aẓîm, wa bi-wajhihi al-karîm, wa sulṭânihi al-qadîm, min ash-shayṭâni ar-rajîm.

***

عَنْ أَنَسِ بْنِ مَالِكٍ رَضِيَ اللهُ عَنْهُ قَالَ : كَانَ النَّبِيُّ (ﷺ) إِذَا دَخَلَ الْخَلَاءَ قَالَ : « اللَّهُمَّ إِنِّي أَعُوذُ بِكَ مِنَ الْخُبُثِ وَالْخَبَائِثِ. »

رَوَاهُ الْبُخَارِيُّ

Anas Ibn Mâlik rapporte que lorsque l'Envoyé (ﷺ) s'isolait pour faire ses besoins, il disait : « Seigneur, je sollicite Ta protection contre les démons mâles et femelles. » [Al-Bukhârî]

Allâhumma innî a'ûdhu bika min-l-khubuthi wa-l-khabâ'ith.

***

عَنْ أَبِي هُرَيْرَةَ رَضِيَ اللهُ عَنْهُ قَالَ : كَانَ مِنْ دُعَاءِ النَّبِيِّ (ﷺ) : « اللّٰهُمَّ إِنِّي أَعُوذُ بِكَ مِنْ عِلْمٍ لَا يَنْفَعُ، وَمِنْ دُعَاءٍ لَا يُسْمَعُ، وَمِنْ قَلْبٍ لَا يَخْشَعُ، وَمِنْ نَفْسٍ لَا تَشْبَعُ. » رَوَاهُ ابْنُ مَاجَهْ

Abû Hurayra cite, parmi les invocations de l'Envoyé (ﷺ) : « Seigneur, je sollicite Ta protection contre une science qui ne sert pas, une invocation qu'on entend pas, un cœur qui ne s'humilie pas, une âme qui ne se rassasie pas. » [Ibn Mâjah]

Allâhumma innî a'ûdhu bika min 'ilmin lâ yanfa' ; wa min du'â'in lâ yusma' ; wa min qalbin lâ yakhsha' ; wa min nafsin lâ tashba'.

***

عَنْ أُمِّ سَلَمَةَ رَضِيَ اللهُ عَنْهَا قَالَتْ : مَا خَرَجَ النَّبِيُّ (ﷺ) مِنْ بَيْتِي قَطُّ إِلَّا رَفَعَ طَرْفَهُ إِلَى السَّمَاءِ فَقَالَ : « اللّٰهُمَّ إِنِّي أَعُوذُ بِكَ أَنْ أَضِلَّ أَوْ أُضَلَّ، أَوْ أَزِلَّ أَوْ أُزَلَّ، أَوْ أَظْلِمَ أَوْ أُظْلَمَ، أَوْ أَجْهَلَ أَوْ يُجْهَلَ عَلَيَّ. »

رَوَاهُ أَبُو دَاوُدَ

Umm Salama rapporte : « L'Envoyé (ﷺ) n'a jamais quitté ma maison, sans lever les yeux au ciel et dire : "Seigneur, je sollicite Ta protection, afin de ne pas égarer autrui et qu'on ne m'égare pas, de ne pas induire autrui en erreur et qu'on ne m'induise pas en erreur, de ne pas être injuste avec autrui et qu'on ne soit pas injuste avec moi, que mon ignorance ne nuise pas à autrui et que l'ignorance d'autrui ne me nuise pas. »
[Abû Dâwûd]

Allâhumma innî a'ûdhu bika an aḍilla aw uḍalla ; aw aẓilla aw uẓalla ; aw aẓlima aw uẓlama ; aw ajhala aw yujhala 'alayya.

تَمَّتْ بِحَمْدِ اللهِ

Terminé par la grâce d'Allâh

Sources

Tafsîr Aṭ-Ṭabarî

Tafsîr Ibn Kathîr

Tafsîr Al-Qurṭubî

Ṣaḥîḥ Al-Bukhârî

Ṣaḥîḥ Muslim

Sunan Abû Dâwûd

Sunan Ibn Mâjah

Table des matières

Chez le même éditeur

Le Noble Coran
Nouvelle traduction – bilingue

Fiqh Salat – Le Livre de la Prière
Mostafa Suhayl Brahami

Comprendre l'islam à travers les 40 hadiths de Nawawî
Mostafa Suhayl Brahami

Muhammad, sceau des prophètes
Adil Salahi

Le Coran et les femmes
Asma lamrabet

Education spirituelle et purification des âmes
Mohamed Minta

Initiation à la foi musulmane
Ibn Uthaymin

La perle précieuse
Al-Ghazâlî

Commentaire de la sourate Al-Fâtiha
Hani Ramadan

La voie vers le Coran
Khurram Murad

Le retour à Dieu
Bilal Philips

Le Mahdî
Mohamed Benchili

Recueil de hadiths sur le jeûne
Hani Ramadan

Les sciences du Coran
Ahmad Von Denffer

Aspects du monothéisme musulman
Hani Ramadan

Le mariage en Islam
Messaoud Boudjenoun

Greffe d'organes et clonage en islam
Mohsin Ibrahim

Droits et devoirs de la femme en Islam
Fatima Naseef

Recueil de hadiths sur la prière
Hani Ramadan

Recueil de hadiths sur la vie familiale
Hani Ramadan

Recueil de hadiths sur la foi
Hani Ramadan

Que signifie mon appartenance à l'islam ?
Fathi Yakan

Les Compagnons du Prophète
Messaoud Abû Usama

Relations Parents-Enfants
Malika Dif

L'amour de Dieu et du Prophète
Mohammed Minta

Être musulmane aujourd'hui
Malika Dif

Pourquoi prier
Mostafa Suhayl Brahami

Djinns et démons selon l'Islam
Mohammed Boudjenoun

La miséricorde en islam
Hani Ramadan

Recueil de hadiths sur le jeûne
Hani Ramadan

La vie de Aïsha
Asma Lamrabet

Les Épouses du Prophète
Malika Dif

Islam, la voie naturelle
Abdelwahid Hamid

Sagesses musulmanes
Mohamed Benchili

Recueil de hadiths sur la pureté rituelle
Hani Ramadan

La maladie et la mort en islam
Malika Dif

Musulmane tout simplement
Asma Lamrabet

Les 77 branches de la foi
Imam al-Bayhaqî

Les noms divins
Hani Ramadan

Islam, le face à face des civilisations
Tariq Ramadan

Aux sources du Renouveau
Tariq Ramadan

La foi, la Voie et la résistance
Tariq Ramadan

Le culte du musulman
Hassan Ayyûb

Enseignement de la prière
Muhammad Sawaf

Quarante hadiths de Nawawî
An-Nawawî (trad. M. S. Brahami)

COLLECTION OUVRAGES POUR ENFANTS

L'islam expliqué aux enfants
Chadia Zouiten

Allons à la découverte de l'Islam
collectif

Mes mots arabes (imagier pour enfants)
Mahrez Landoulsi

Histoire de mon alphabet arabe
Chadia Zouiten

Le petit guide de l'enfant musulman
Noorah Kathryn

Bashir, le fils du désert
Elisabeth Alonzo

Raconte-moi... le prophète Moussa
Saniyasnain Khan

Raconte-moi... le prophète Youssouf
collectif

Raconte-moi...le prophète Mohammad
collectif

Apprendre l'Islam en s'amusant
Imane Pautrat

Kalam, à la découverte de l'Islam
Laïla Hassairy

Histoire merveilleuse du prophète Soulayman
Neila Andrieux

Comment faire la prière (pour garçons)
Mostafa Suhayl Brahami

Comment faire la prière (pour filles)
Mostafa Suhayl Brahami

COLLECTION POCHE / BILINGUE

(avec translittération phonétique)

Le Coran - chapitre ‘Amma
traduit par Tariq Ramadan

Invocations exaucées
Abdul Jawad

Al-Ma’thûrât
Hassan Al-Bannâ

La citadelle du musulman
Shaykh al-Qahtânî

Invocation et Ruqya
Shaykh al-Qahtânî

Quarante paroles du Prophète
Hani Ramadan

Invocations du hajj et de la ‘*umra* et autres occasions
Mostafa Brahami

COLLECTION OUVRAGES PRATIQUES

Comment faire la prière (pour adolescents et adultes)
Mostafa Suhayl Brahami

Les règles du Tajwîd
Zakaria Makri

Rites funéraires en Islam
Mostafa Brahami

Hadj et Omra – guide pratique
Mostafa Brahami

‘Umra, pas à pas
Mostafa Brahami

Le guide des parents musulmans
Aïcha Lionet

Dictionnaire des prénoms arabes
Dina Tidjani

DISTRIBUTION

Librairie Tawhid - Lyon	Librairie Tawhid - Paris
8, rue Notre Dame	9 bis, Boulevard Belleville
69006 Lyon - France	75011 Paris - France

Tél. : (+33) 04 72 74 19 39

Fax : (+33) 04 78 24 01 56

email : tawhid @ islam-france.com

Site web : www.islam-france.com